de la A a la Z por

México

Becky Rubinstein F.
Ilustrado por Maribel Suárez

de la A a la Z por México

Becky Rubinstein F.
Ilustrado por Maribel Suárez

everest
INTERNACIONAL

A DE AGUACATE

Es un fruto originario de México y regalo para el mundo. Puedes conocerlo a través de adivinanzas:

Agua pasa por mi casa,
cate de mi corazón
y quien esto no adivine
tiene duro el corazón.

Soy verde por dentro
y negro por fuera,
fruto bicolor
pronto, ¡di qué soy!

Espesa, espesa,
mi pulpa, mi pulpa,
te lo digo yo
sin culpa, sin culpa.

Me arrancan de un árbol
de hojas muy verdes,
me quitan la piel
y no hay quien se queje.

Solución: el aguacate.

B DE BALERO

Es un juguete popular de madera y pintado a mano al gusto del artesano. Consta de dos piezas: en un lado un palo, en el otro un agujero. ¡Prueba tu destreza al ensartar el balero!

Lero, lero, lero,
lero candelero,
este es mi balero,
balero, balero.

Lero, lero, lero,
aquí yo te espero,
te espero, te espero,
balero, balero.

Balero, balero,
te quiero, te quiero,
arriba, abajo,
¡soy el mero, mero!

C DE CEMPASÚCHIL

Soy una flor de color naranja

Soy una flor de color naranja, de olor penetrante.

Soy una flor de color naranja, de olor penetrante y hojas verde oscuro,

Soy una flor de color naranja, de olor penetrante y hojas verde oscuro, perfecta para las ofrendas de Día de Muertos.

Soy una flor de color naranja, de olor penetrante y hojas verde oscuro, perfecta para las ofrendas de Día de Muertos que se festeja en el mes de noviembre.

D DE DANZA
(DANZA DE LOS VIEJITOS)

La *Danza de los Viejitos* es originaria del estado de Michoacán. Con máscaras, los niños se parecen a sus abuelitos.

Danza que te danza
la *Danza del Viejito*,
ningún niño se cansa
si danza de cojito.

Danza que te danza
con máscara y bastón,
danza que te danza
¡y te da un pisotón!

E DE ESTADIO
(ESTADIO AZTECA)

El estadio Azteca es un recinto con gradas para los espectadores donde se juega fútbol *soccer* o americano. También presentan espectáculos, como conciertos y eventos culturales. Es un edificio ovalado con ciento veinte mil asientos.

A la bío, a la bao,
a la bola de fútbol.
A la bío, a la bao,
viva, viva el jugador.

A la bío, a la bao,
¿quién será el ganador?
A la bío, a la bao,
¡quien se ejercite mejor!

F DE FERIA
(FERIA DE CHAPULTEPEC)

En México es famosa La Feria de Chapultepec con la Rueda de la Fortuna, el Látigo, la Montaña Rusa y el Carrusel o Tiovivo.

El carrusel de feria
vuelta y vuelta,
caballos de madera
vuelta y vuelta,
la bruja y la sirena
vuelta y vuelta,
un pulpo y una yegua
vuelta y vuelta,
barquillas con aletas
vuelta y vuelta,
¡y ya estoy de vuelta!

G DE GRITO
(GRITO DE INDEPENDENCIA)

El 15 de septiembre el presidente de la república mexicana da "el Grito de Independencia" en el Zócalo, desde el palacio nacional, decorado con guirnaldas y focos verdes, blancos y rojos. El presidente ondea la bandera y exclama a viva voz: ¡Viva México!, y todos responden: ¡Viva!

Soy tela tricolor
del color de la grana,
de la cumbre nevada,
del laurel vencedor,
dime, ¿qué soy?

Solución: bandera de México.

H DE HUARACHE

El huarache mexicano es tosco y dura los siglos, lo usas y lo usas... hasta que te crece el pie o lo pierdes por ahí.

Huarache con "H"
sujetas mi pie,
huarache, huarache,
paseas por doquier.

Te hicieron huarache
con tiras de piel,
suela como roble
en un santiamén.

Huarache con "H"
—eso que ni qué—
me pongo un huarache
y me siento rey.

I DE IGUANA

La iguana es un animal que vive en las zonas tropicales de México. Verde, escamosa y de cola larga, puede medir hasta 1 metro y 60 centímetros. No la confundas con otro saurio o con un cocodrilo, tampoco con un animal fantástico como el basilisco que te mira y te hipnotiza.

Del huevo de iguana
nació un pequeñito
tupido de escamas
sin ser cocodrilo.

Lo vi, me espanté,
grité: ¡basilisco!
El pobre lloró
inundando el río.

Lo vi, lo miré,
y me di un pellizco.
Sus párpados giran
¡no estoy en mis cinco!

El pobre lloró
inundando el río
y tras de mirarlo:
¡lo llamé mi amigo!

J DE JORONGO

Manta de lana con una abertura para la cabeza, también se le llama poncho y se usa cuando hace frío. El jorongo es pariente del sarape.

Rima loca:
Ponte jorongo
y toca el bongó
detrás del hongo
que yo me escondo.

Rima cuerda:
Ponte el jorongo
porque hace frío,
ponte el jorongo
para ir al río,
ponte el jorongo
¡te presto el mío!

K DE KUKULKÁN

Es una palabra maya que deriva de *Kuku* -pájaro- y de *Kan* -serpiente equivalente a Quetzalcóatl, divinidad azteca que, según la leyenda, salió al mar por un lugar mítico llamado Tamoanchán, al que se espera que algún día vuelva.

El templo de *Kukulcán* llamado también "El castillo" o "pirámide de *Chichen Itza*", en Yucatán, es una de las siete maravillas del mundo moderno.

Kukulkán,
kan, kan, kan,
Kukulkán,
¿dónde estás?
Kukulkán,
¿volverás?

16

L DE LOTERÍA

LA SANDÍA

EL JARRITO

Los niños de México juegan a la lotería con tableros de casi siempre doce cartas. Gana quien llene primero su tablero "cantado por un gritón". El ganador grita: ¡Lotería!

¿El jarrito?	¡La tengo!
¿La sirena?	¡La tengo!
¿El diablito?	¡La tengo!
¿El barril?	¡La tengo!
¿La escalera?	¡La tengo!
¿La sandía?	¡La tengo!
¿El nopal?	¡La tengo!
¿La piñata?	¡LOTERÍA!

EL DIABLITO

LA SIRENA

EL BARRIL

LA ESCALERA

LI DE LLORONA
(LA LEYENDA DE LA LLORONA)

¡Cuidado con la Llorona! Te la puedes encontrar a oscuras y por las calles grita que te grita: "¡Ay, mis hijos!"... bueno, llora que llora por sus hijos.
Esa es su leyenda y éste su poema:

¡Qué espanto! ¡Qué espanto!,
llegó la Llorona
con sombrero negro
llora que te llora.

¡Horrores! ¡Horrores!,
llegó la señora
con un velo espeso
llora que te llora.

¡Me muero! ¡Me muero!,
llegó la chillona
como cuervo negro
¡Ay!, que no le corra.

M DE MARIACHI

El mariachi originario de Jalisco es la orquesta típica de México. Los mariachis se visten de gala con traje de charro, corbatón y sombrero.

El mariachi de mi pueblo
toca en bautizos, cumpleaños
y también en cementerios
cualquier día del calendario.

Tocan, tocan la guitarra,
tocan violín, guitarrón,
tocan trompetas y cantan
hasta que pierden la voz.

Cantan al "México lindo"
y también a las "calacas",
a las "piedras del camino"
y también a las muchachas.

El mariachi de mi pueblo
toca en ferias mañaneras
y en las noches de festejo
su música nos contenta.

N DE NOPAL

Nopalli en náhuatl, el idioma de los mexicanos del pasado. Es carnoso, comestible, nutritivo y bastante baboso; sus frutos se llaman tunas. Y cuidado: ¡tiene espinas!

No te vayas a espinar
ay ay ay ay ay,
tiene espinas a rabiar
ay ay ay ay ay.

No te vayas a empachar
ay ay ay ay ay,
con tunitas del nopal
ay ay ay ay ay.

No te vayas a escapar
ay ay ay ay ay,
con las bolsas del nopal
ay ay ay ay ay.

Ñ DE Ñ PARA NIÑOS Y NIÑAS

A los niños y las niñas de México les gusta jugar con las letras. La "Ñ" es letra difícil, todo un reto para despertar la destreza: ñengo es flacucho, ñu es antílope, ñoño es tímido y ñandú es ave. ¿Con cuál te quedas tú?

"Ñ" con "ñ" ñandú,
no soy ñengo ni soy ñu,
no soy ñoño: ¡soy ñandú!

O DE OFRENDA

En la ofrenda del Día de Muertos hay pan de muerto, flores de cempasúchil, tamales, mole… o lo que le gustaba al difuntito. Al muertito se le escribe un poema llamado "Calavera".

Calaca, calaca,
calaquita mía,
suena la matraca
que te dio tu tía.

Cholita, mi Chole
del gran calacal
termina el atole
y cuece el tamal.

Disfruta la ofrenda
que yo te preparo.
¡Qué rica merienda!,
come sin reparo.

Y come tu pollo
con mole y arroz,
y vuélvete al hoyo…
¡que no te dé tos!

P de POSADAS

El mes de diciembre son días de posadas. Se rompen piñatas en forma de estrella de siete picos y rellenas de tejocotes, cañas, guayabas para el ponche y con colación para endulzar lo amargo. Se escenifican pastorelas con un ángel, un diablillo y un montón de pastorcillos.

Con un dale dale
rompo la piñata.
Con un dale dale
yo no pierdo el tino.
Coro

Con un dale dale
con una cantata.
Con un dale dale
jamás desatino.
Coro

Con un dale dale
oritos y plata.
Con un dale dale
no pierdo el camino.
Coro

Coro:
Ya llegó el diablito
y se rompió la pata,
llegó un angelito
brincando la reata.

Q DE QUETZAL

El Quetzal es un ave del sureste de México, su nombre viene del náhuatl *quetzalli* y significa hermosa pluma.

Suave, verde tornasol,
conoces de cerca al Sol.

Pecho rojizo y hermoso:
del oro eres un trozo.

Pico y patas amarillos:
en las ramas yo te miro.

En el bosque, el quetzal:
¡Sal, sal, sal, pero ya sal!

R DE REHILETE

En México los niños juegan con el rehilete formado por un palo y una pieza de colores en forma de "X" y que gira con el viento.

Rehilete volador
zumba, zumba, zumbador,
rehilete volador,
¿te tragaste un motor?

Rehilete volador
me pareces una flor,
dime pronto, por favor:
¿Eres blanco o de color?

S DE SALSA

La salsa mexicana no es un baile… ¡es un aderezo! Tiene chile serrano, morita, guajillo, poblano… o el que se tenga a la mano. Los ingredientes se pican o se muelen en molcajete o licuadora. La salsa acompaña al entremés, la sopa, los tacos, los sopes… pero nunca intentes con el postre.

Mezcla los ingredientes:

1 chile serrano picado,
½ cebolla picada,
1 jitomate picado,
gotas de limón,
1 chorrito de aceite,
sal al gusto.

T DE TACO

El taco es una tortilla de maíz hecha rollito; puede tener dentro frijoles, arroz, nopales. El taco se lleva con todo tipo de comelones.

En "Tacotlán",
la taquería de Tomás Tomillo,
tomas un taco,
tomas dos tacos,
tomas tres tacos,
tomas cuatro tacos
y hasta cinco.
¡Ay, qué buena taquería,
la de Tomás Tomillo,
el de "Tacotlán" que tantos tacos te da!

U DE USUMACINTA
(RÍO USUMACINTA)

El Usumacinta es un río que nace en Guatemala y desemboca en el golfo de México y en la laguna de Términos.

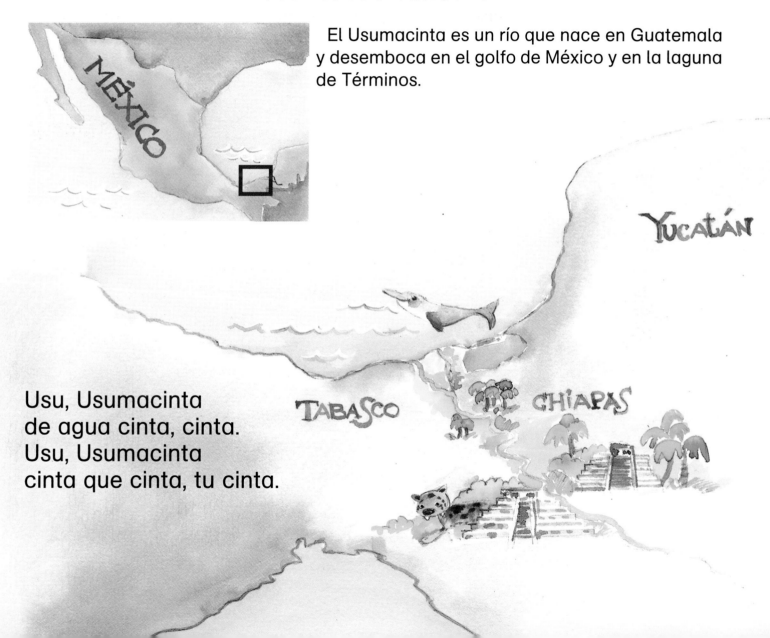

Usu, Usumacinta
de agua cinta, cinta.
Usu, Usumacinta
cinta que cinta, tu cinta.

V DE VOLCANES

El Popocatépetl y el Iztaccíhuatl son los volcanes más famosos de México. Según cierta leyenda, el Popocatépetl es un enamorado que cuida el sueño eterno de Iztaccíhuatl, su enamorada, llamada también "la mujer dormida".

cana   con   no   cono   vaca

clon   col   loca   es

clan   sola   canes

lana   ese

cena

Del plural volcanes salen como fumarolas de volcán otras palabras.

¡Vamos a encontrarlas! Se vale revolver, revolcar o repetir letras, ejemplo: can, o sea perro.

Solución: todas válidas y posibles.

W DE WOW

Si aciertas grita *wow* con la "W".
Pon una "V" a la frase verdadera y una "F" a la falsa.

México queda en el continente americano ( )
La capital de México es el Distrito Federal ( )
Los burros comen cacahuates ( )
La bandera de México es de color verde,
blanco y rojo ( )
En México se habla español ( )

Solución: V-V-F-V-V

31

X DE XOCHIMILCO

En Xochimilco hay canales donde navegan embarcaciones, llamadas trajineras, con flores y frutas que crecen en chinampas, que son tierras de cultivo sobre el agua.

Domingo tras domingo
y también entre semana
te espera Xochimilco
y sus bellas chinampas.

Dalias, rosas, lirios
metidas en canastas;
elotes, coles, higos
que a todos nos encantan.

Todo es muy divertido
si tocan las guitarras
hay cantos y silbidos
y luces de Bengala.

Y DE YUNTA

Dos bueyes juntos que aran la tierra forman una yunta.

Los dos bueyes de la yunta
Los dos bueyes de la yunta aran
Los dos bueyes de la yunta aran la tierra
Los dos bueyes de la yunta aran la tierra de cultivo
Los dos bueyes de la yunta aran la tierra de cultivo y paran
Los dos bueyes de la yunta aran la tierra de cultivo y paran cuando se cansan.

Z DE ZACATE

Zacate, que viene del náhuatl *zacatl*, se escribe con "Z", la última letra del abecedario. El zacate es hierba para el ganado, aunque con zacate y jabón te puedes bañar muy a tu gusto.

Con zacate y jabón
del mero zacatal
tú te puedes bañar,
ino seas sacatón!

Con zacate y jabón
y de agua un buen chorro
limpiecito quedarás
ino seas sacatón!